Vom Hirsch
mit dem goldenen
Geweih

*Zum Bersten voll ist mein Kopf
mit Großmutters Märchen und Sagen.
Wie soll ich wählen, ich armer Tropf,
damit sie euch auch gefallen?
Nun denn, ich will nicht lange zagen
und nur die Erinnerung befragen . . .*

Vom Hirsch mit dem goldenen Geweih

Erzählt von Hana Doskočilová

Illustriert von Jiří Trnka

* * *

VERLAG WERNER DAUSIEN

Vom Hirsch mit dem goldenen Geweih
Erzählt von Hana Doskočilová
Ins Deutsche übertragen von M. Vaníčková
Graphische Gestaltung von Pavel Rajský
Illustrationen © 1969 Jiří Trnka — Erben
© 1979 Artia Verlag, Praha
VERLAG WERNER DAUSIEN • HANAU / M.
ISBN 3 76 84 3979-8
1/05/21-52/01

Vom Hirsch mit dem goldenen Geweih

Es war einmal ein Dorf, das hieß Unterach — nicht mehr als ein paar kleine Häuser im Talgrund, wie eine Herde Schafe — und ringsum Wald und Wald und nichts als Wald, grün und wohlriechend, daß einem das Herz im Leibe lachte. Die Bäume voller Vogelnester, die Waldwiesen voller Margeriten, das Moos voller Pilze — ja, aber der Wald war verwunschen.

Schon seit Jahren wagte sich kein Mensch in den Wald, die Unteracher gingen lieber im Dorf spazieren, setzten sich im Garten unter einen Apfelbaum oder ans Fenster, wo Rosmarin und Nelken dufteten. Aber in den Wald? Um nichts in der Welt wären die Unteracher in den Wald gegangen.

Kein Wunder!

Wäre der Wald nur einfach verzaubert gewesen wie andere Wälder auch, mit ein paar Poltergeistern, zwei, drei Alraunen und einem Wassermann im See; damit

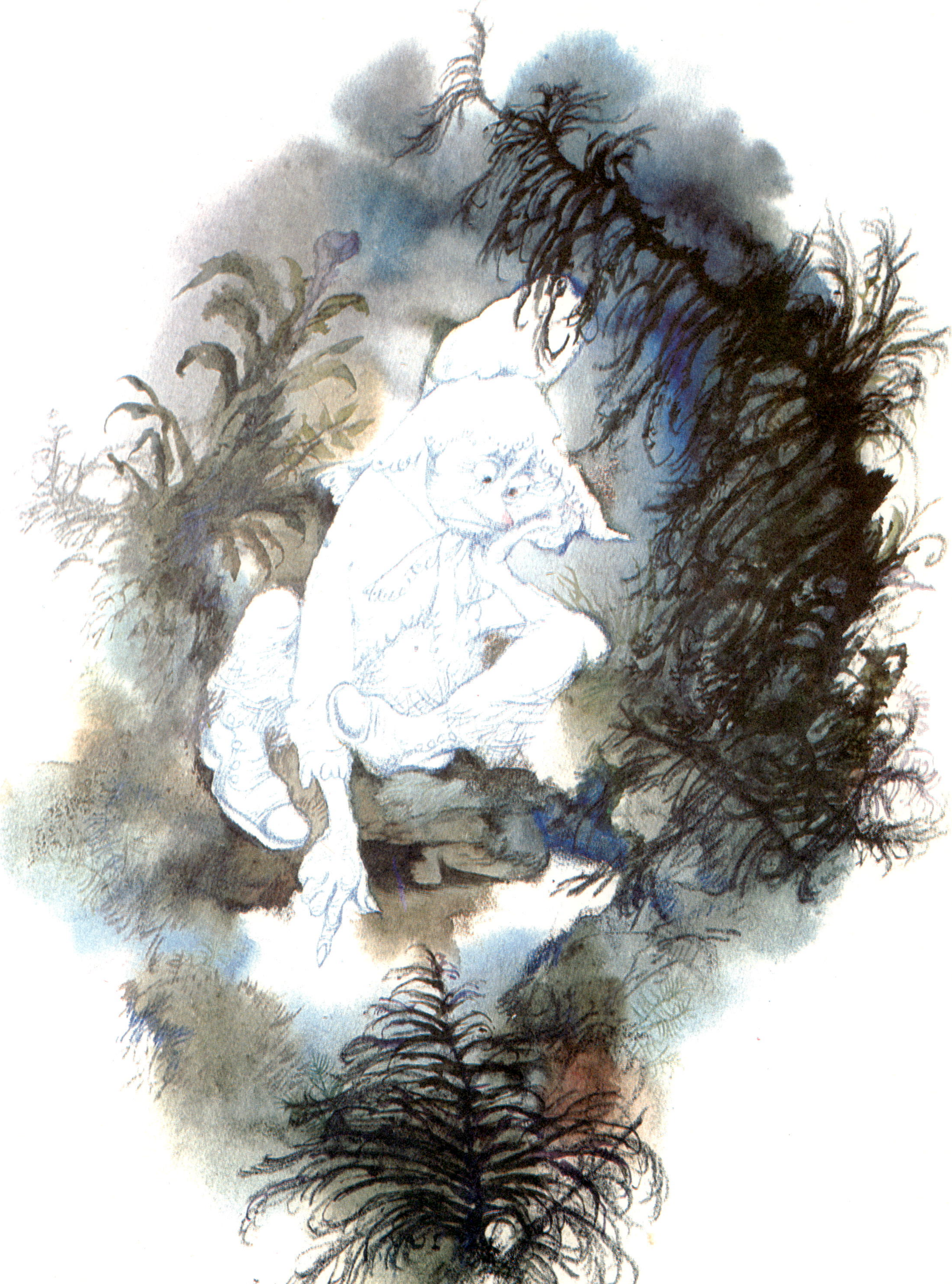

hätten sich die Leute mit der Zeit abgefunden ... aber im Wald von Unterach gab es viel schlimmeres: Hexen!

Sie lauerten hinter Bäumen und Sträuchern, niemand entging ihren stechenden Augen, niemand konnte sich vor ihnen verstecken, niemand ihnen entkommen.

Was waren das denn für Hexen, daß ganz Unterach solche Angst vor ihnen hatte?

Es waren unfreundliche Gestalten in schmutzigen Hemdchen, mit zerzausten Haaren, ungewaschen und häßlich, aber sie verstanden es ausgezeichnet, anderen die Haare zu raufen, unter die Fingernägel zu stechen und in die Augen zu speien.

Doch die älteste und pfiffigste Hexe Weißhaar hätte man getrost als ein normales Großmütterchen ansehen können. Warum nicht? Zum Unterschied von den übrigen Hexen war sie immer sauber, trug ein weißes Häubchen und war überhaupt ganz weiß, bis auf die rote Nasenspitze.

Von Montag bis Montag saß die Alte in ihrer Hütte unter der Eiche — durch das Dickicht zu schleichen war nichts mehr für sie — nur einmal in neun Wochen machte sie sich auf den Weg zum neunten Tümpel, den sie als Spiegel benutzte, bis die Dämmerung hereinbrach. Drum hatte sie immer eine rote Nasenspitze — weil sie sich doch jedesmal beim Tümpel einen Schnupfen holte ... Erst wenn sich der erste Stern am Himmel zeigte, nahm die Alte das Häubchen herunter und begann sich zu kämmen, wobei sie leise vor sich hin murmelte: „Kein Härchen gehe verloren, aus jedem werde Böses geboren."

Und wirklich, sobald die ausgekämmten Haare in den Tümpel fielen, verwandelte sich jedes Haar augenblicklich in eine neue Hexe. Daher gab es so viele Hexen im Wald.

Aber wir reden immer noch um den Brei herum, und ihr wißt noch immer nicht, warum sich die Unteracher

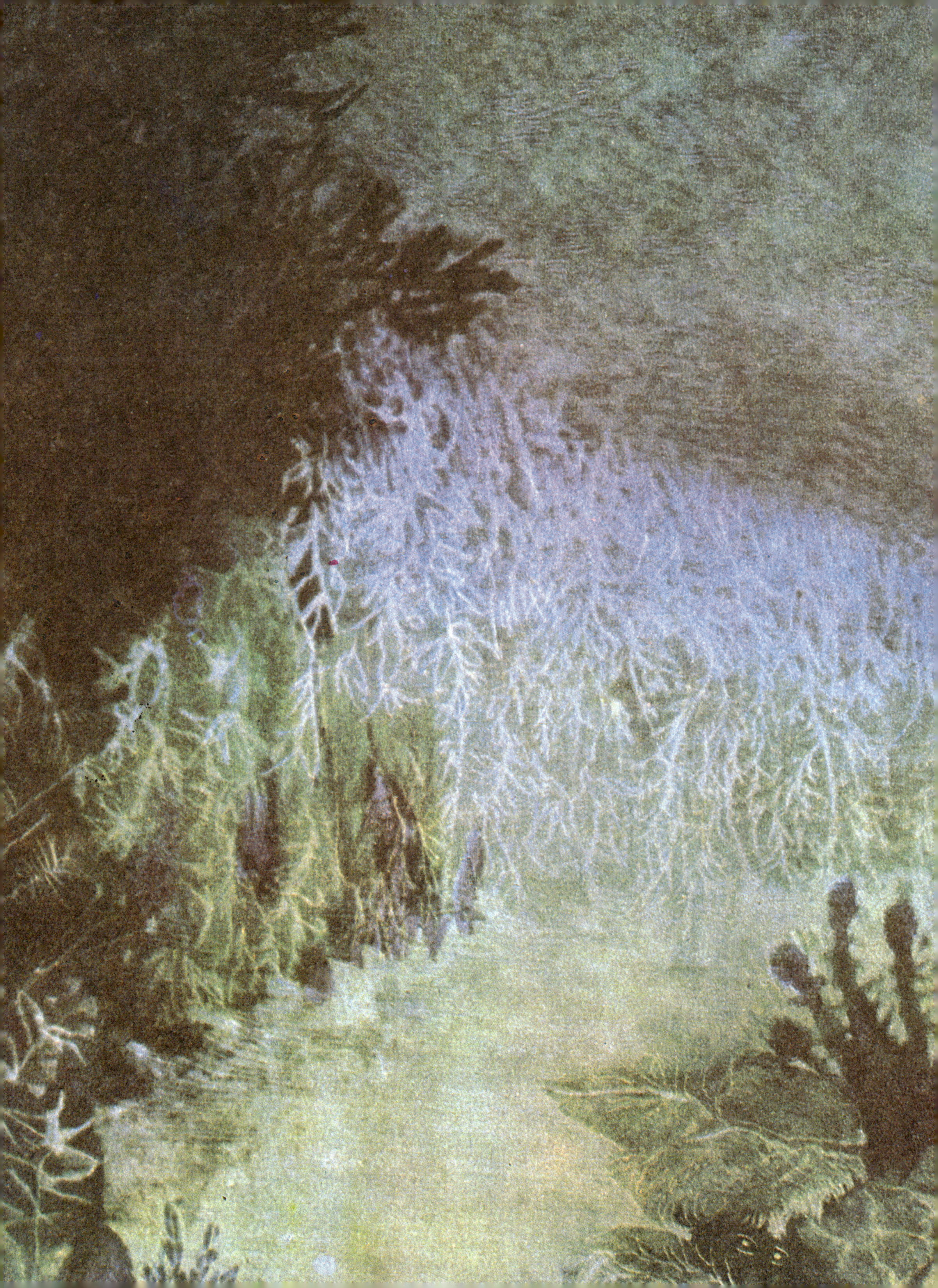

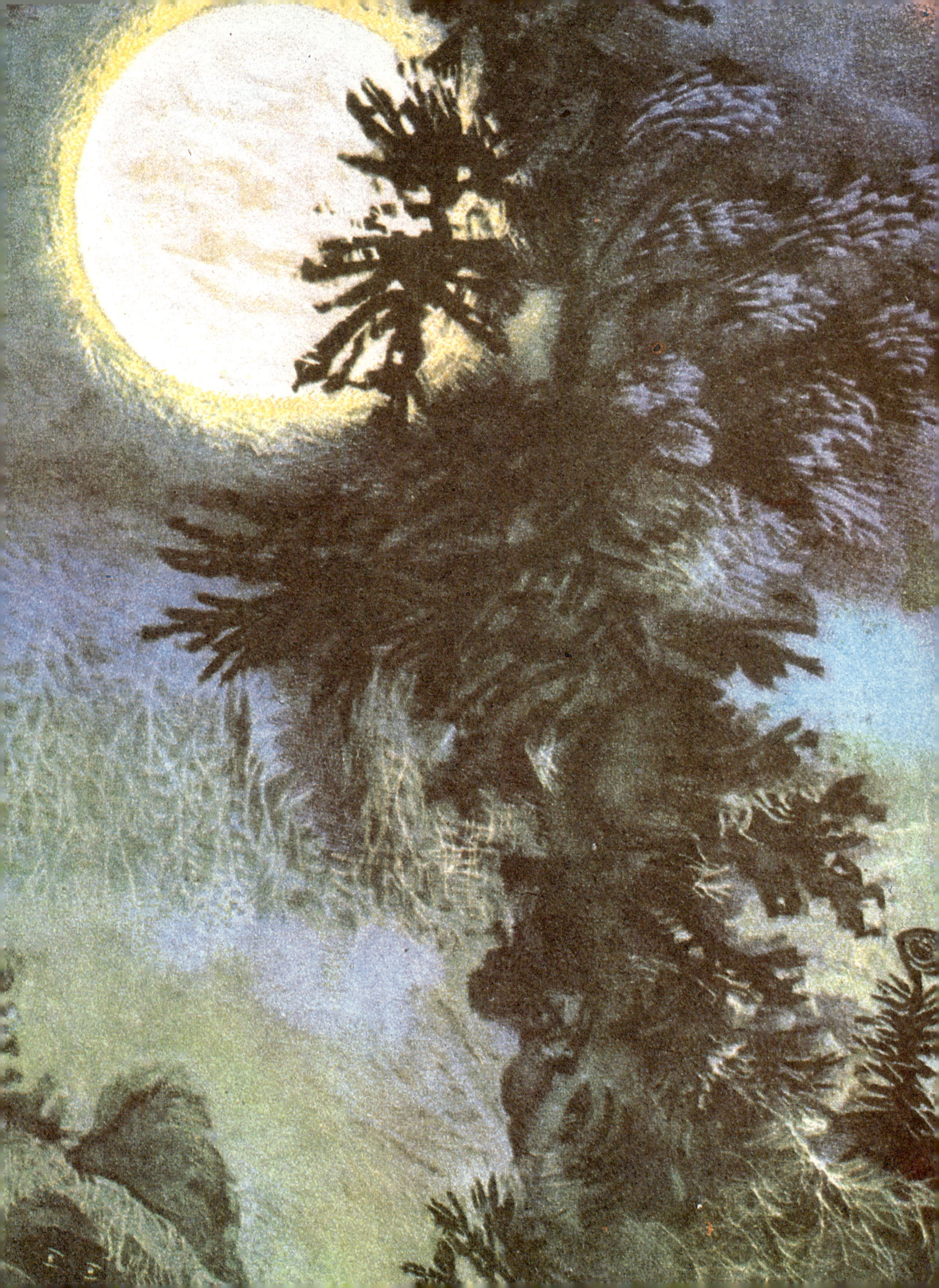

so fürchteten, von den Hexen gefangen und in die Hütte unter der Eiche verschleppt zu werden.

In der Hütte spielten sich nämlich fürchterliche Dinge ab, wie sie eben nur die Hexe Weißhaar zu erdenken verstand: Ehe der unglückselige Gefangene sich in der Stube umsehen konnte, stand sie schon vor ihm mit einem Armvoll spitzenbesetzter Häubchen, von denen sie immer sechshundertundsechsundsechzig Stück im Schrank aufbewahrte. Sie riß den Spitzenbesatz von den Häubchen ab und schrie: „Worauf wartest du denn, du Nichtsnutz! Setz dich hin und näh sie an!"

Kaum waren die Spitzen angenäht, riß die Alte sie wieder ab.

Angenäht, abgetrennt, angenäht, abgetrennt ... Tag für Tag, Woche für Woche, Jahr um Jahr, bis der Unglückliche, von den Hexen Verschleppte schon selber begann, die Spitzen abzureißen und wieder anzunähen, abzureißen und anzunähen, kurzum bis er den Verstand verlor und völlig erledigt war.

So kann man sich wirklich nicht wundern, daß die Bewohner von Unterach lieber im Dorf spazierengingen, im Gärtchen unter dem Apfelbaum oder am Fenster hinter Rosmarin und Nelken saßen, als in den Wald zu gehen.

In den Wald ging nur der Förster Kuckuck. Ungern freilich, aber Dienst ist Dienst. Jemand mußte doch im

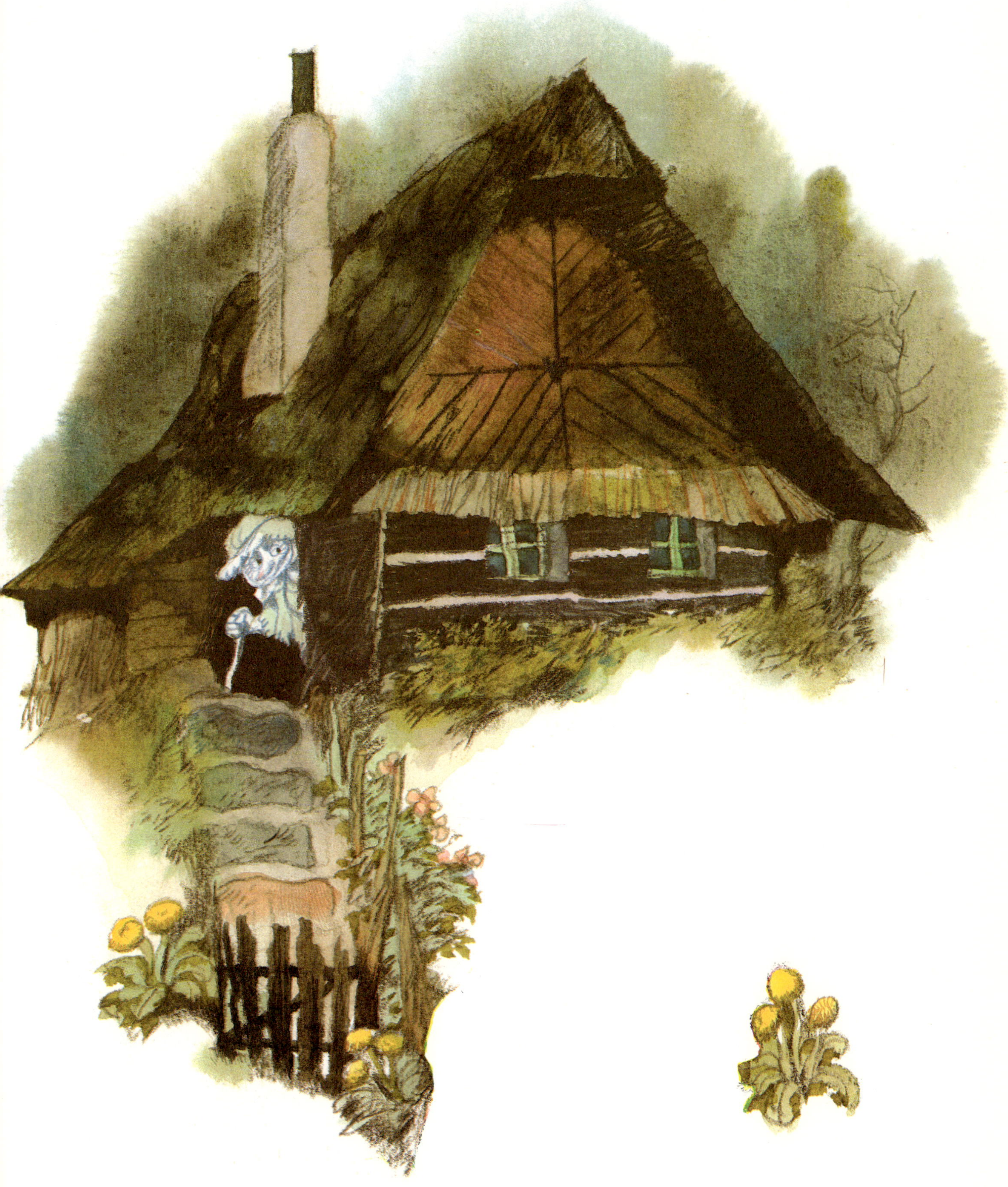

Winter den Fasanen Körner streuen, den Rehen und Hirschen Heu und ein Schüsselchen Salz zum Lecken bringen. Der Förster ließ die Hexen Hexen sein, denn seine Tiere durften doch wegen der Hexen nicht Hungers sterben.

Trotzdem war aber der Förster Kuckuck jedesmal

heilfroh, wenn er das Futter in die Krippen gelegt hatte, sich in den leeren Schlitten setzen und schnell ins Tal hinunterfahren konnte.

Die Hexen hätten den Förster schon gern in die Hütte unter der Eiche zu der Hexe Weißhaar gebracht, wenn ... ja wenn ihm nicht auf Schritt und Tritt der Hirsch mit dem goldenen Geweih gefolgt wäre, der König der Tiere des Waldes! Mit ihm wollte sogar die alte Hexe Weißhaar auf gutem Fuß stehen. Am Tag des heiligen Hubertus schickte sie ihm jedesmal eine Bütte voll Eicheln und Bucheckern. Er sollte ihr nicht allzusehr über die Schultern schauen bei ihren dunklen Zaubereien ... vor ihm war sie auf der Hut.

Der Hirsch dachte sich sein Teil: Solange er noch kein Geweih, nur lange Ohren wie die übrigen jungen Hirschkälber gehabt hatte, beachtete ihn die Alte gar nicht. Und auch sonst niemand. Als er einmal im Schnee gefallen war und mit einem gebrochenen Bein dalag, kümmerte sich niemand um ihn, und er wäre beinahe erfroren. Zum Glück hatte ihn damals der Förster Kuckuck gefunden und ins Jägerhaus gebracht, hatte ihm das kranke Bein geschient und verbunden und den kleinen Hirsch bis zum Frühjahr auf einem Strohsack gehegt und gepflegt.

Der Schnee schmolz, das gebrochene Bein war wieder gesund, aber der junge Hirsch hatte gar keine Lust, das Jägerhaus zu verlassen. Vergeblich ließ man das Gittertor weit offen... Schließlich mußte ihm der Förster gut zureden und ihn selbst bis an den Waldrand begleiten: „Geh zurück in den Wald. Du bist doch kein Hund, der bei den Menschen lebt. Du bist doch ein Hirsch! Es wächst dir auch schon das Geweih!"

Und tatsächlich — ihm wuchs ein Geweih — ein goldenes Geweih.

Das war eine Freude für den Förster Kuckuck! So konnte er an dem goldenen Geweih seinen Hirsch unter allen anderen erkennen und ihm zuwinken, wenn er ihn traf... an mehr dachte er damals nicht. Wie hätte er auch ahnen können, was ihm alles bevorstand, bis aus dem kleinen Hirsch der König des Waldes werden sollte, welche Not es mit den Hexen geben würde, so daß sogar ihm, dem alten Jägersmann, mitunter das Herz vor Angst in die Hosen rutschte.

Und als dann die schreckliche Geschichte passierte,

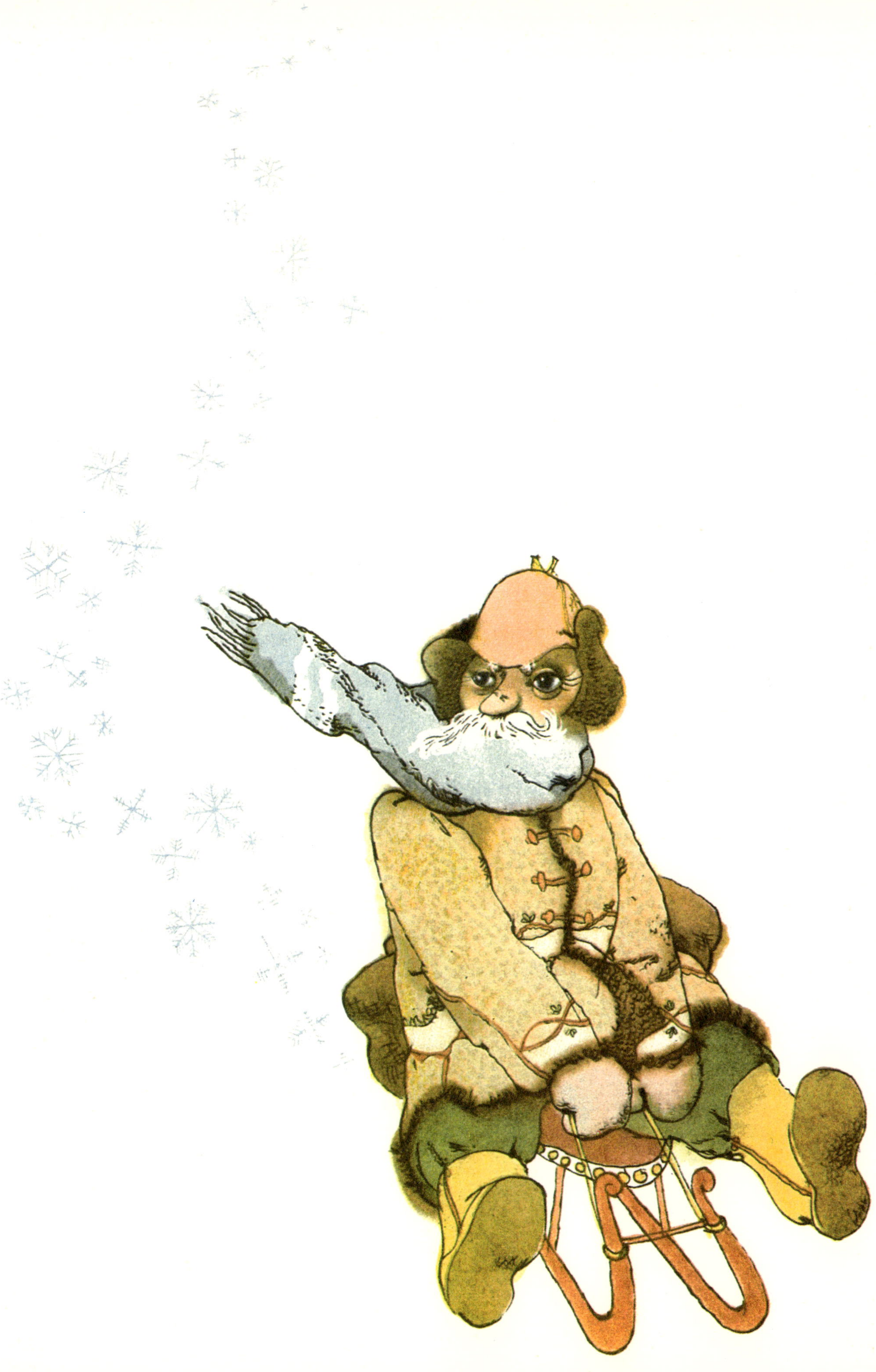

hatte der Wind den goldenen Hirsch aus des Försters Gedächtnis fast hinweggeweht. Lange waren sie einander nicht begegnet.

Der Förster ahnte nicht, daß der dankbare Hirsch ihm insgeheim wie ein Schatten folgte, wie schwierig und mühsam es für ihn auch war, den Freund jedesmal gesund und wohlbehalten bis zum letzten Gebüsch auf dem Weg zum Dorf zu bringen ...

„Wie kommt es, Förster, daß Euch allein die Hexen nichts anhaben? Steckt Ihr nicht unter einer Decke mit dem Gesindel?" bedrängten ihn die Nachbarn, wenn sie sich abends am Stammtisch beim Kartenspiel trafen.

„Den Förster fangen? Das wär' was! Nein, meine Lieben, an den Förster getraut sich im Wald niemand heran", sagte Kuckuck stolz, um sich selber Mut zu machen.

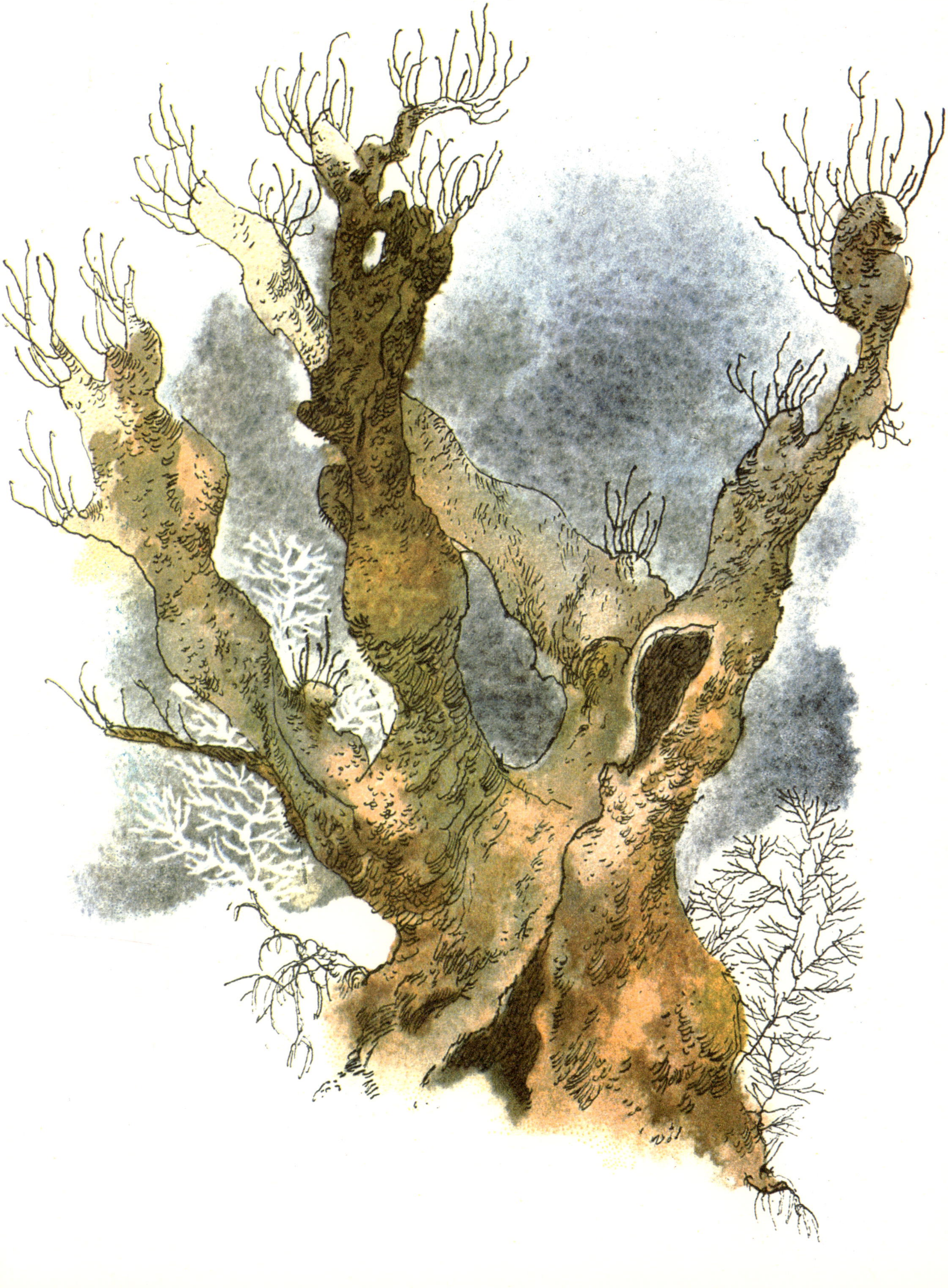

Und wie die Zeit verging und ihm niemals etwas zustieß, hatte er immer weniger Angst und glaubte schließlich selbst an sein Glück, an den schützenden Einfluß der Häherfeder an seinem Hut. In Unterach aber flüsterte man sich zu, der Förster Kuckuck kenne gewiß irgendeinen Zauberspruch, irgendein Mittel gegen die Hexen.

Leeres Geschwätz. Gegen Hexen hatte er kein Rezept.

Nach der alten Weissagung, die der Witwe Kreuzer von einem weisen Raben ins Ohr gekrächzt worden

war, würden die Hexen erst dann aus dem Wald verschwinden, wenn geschieht, was geschehen muß:
Wenn der König Ja-Nein
seine Krone, Ja-Nein,
zur Rettung seines Freundes Ja-Nein
abwirft.

Es versteht sich, daß aus einer solchen Weissagung niemand so recht klug oder froh wurde. Wo sollte in Unterach ein König herkommen? Und überhaupt... das alles war so verwirrend. Anstatt über die Worte des Raben nachzudenken, saßen sie vor ihrer Haustür, hielten Maulaffen feil und beobachteten die Kinder, die rund um den Brunnen Räuber und Gendarm spielten. Das war ein aufregendes Spiel, das des Försters Enkel Jakob so gern mochte.

Über den kleinen Jakob müssen wir jetzt der Reihe nach erzählen, denn nur seinetwegen passierten alle die Dinge, die sonst gewiß nicht passiert wären.

Der Bäckermeister Buschek hatte des Försters Tochter Anni geheiratet, und so wuchs ihr Sohn Jakob zwischen Salzbrezeln, Mohnsemmeln und Brotlaiben auf.

Kaum hatte er das Licht der Welt erblickt, brach die Wiege unter ihm entzwei, und von nun an gab es keine Ruhe mehr. Er kroch noch auf allen vieren, und schon fand man ihn in einem leeren Hefefaß, und als er dann wirklich das Laufen gelernt hatte, war er nicht mehr zu bändigen.

Einmal brachte ihn der Tischlermeister Holzer nach Hause, denn der Junge hatte sich in der Werkstatt den Finger eingeklemmt, ein andermal klagte die Müllerin, sie hätten Jakob im letzten Moment aus dem Mühlbach gezogen.

Am meisten zog es Jakob in den Wald, aber das war ihm verboten. Nicht einmal bis zur ersten Tanne hinter Großvaters Forsthaus durfte er gehen!

„Du weißt doch, Jakob, daß im Wald die Hexen sind", sagte ihm die Mutter. „Und wenn unter einem

Kind die Wiege zerbrochen ist, muß man doppelt vorsichtig sein. Wenn du nur einen Schritt aus dem Dorf weggehst, sperre ich dich zu Hause ein, basta!"

Und das half eine Zeitlang, denn vor dem Eingesperrtsein fürchtete sich Jakob mehr als vor den Hexen.

Aber die Sehnsucht nach dem Wald wurde immer stärker. Der Wald erschien ihm in seinen Träumen, grün und duftend, die Bäume voller Vogelnester, die Wiesen voller Margeriten, das Moos voller Pilze... Wenn er wenigstens von der ersten Tanne aus hineinschauen dürfte!

Es war Frühling, eine Woche vor Kirmes, da hatten die Bäcker immer am meisten zu tun. Vater und Mutter Buschek liefen zwischen Backofen und Teigbrett hin und her, Jakob stand überall im Wege, und in diesem Wirrwarr erschien plötzlich Großvater Förster und sagte: „Wollt ihr mir nicht den Jungen mitgeben? Ihr habt

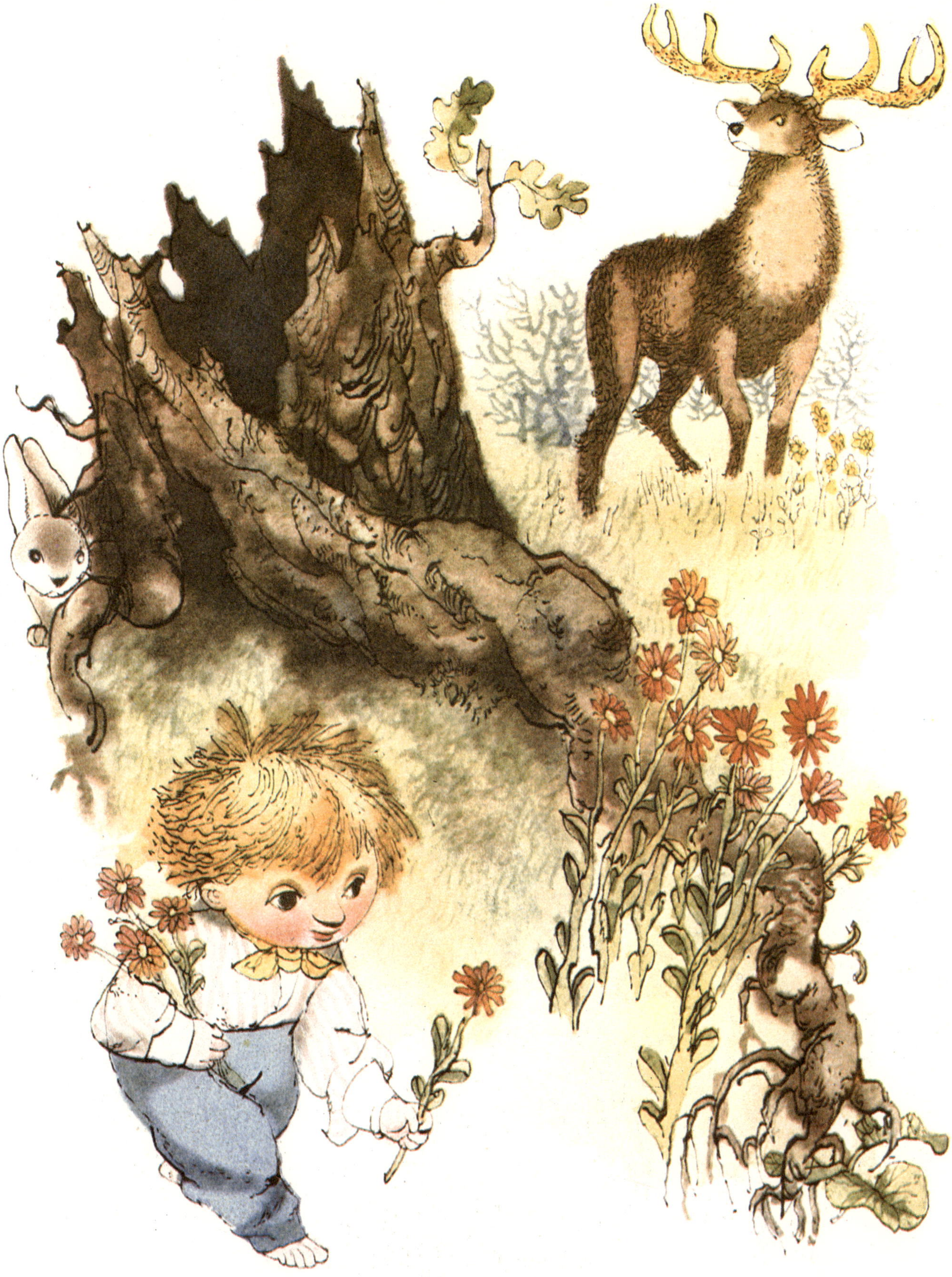

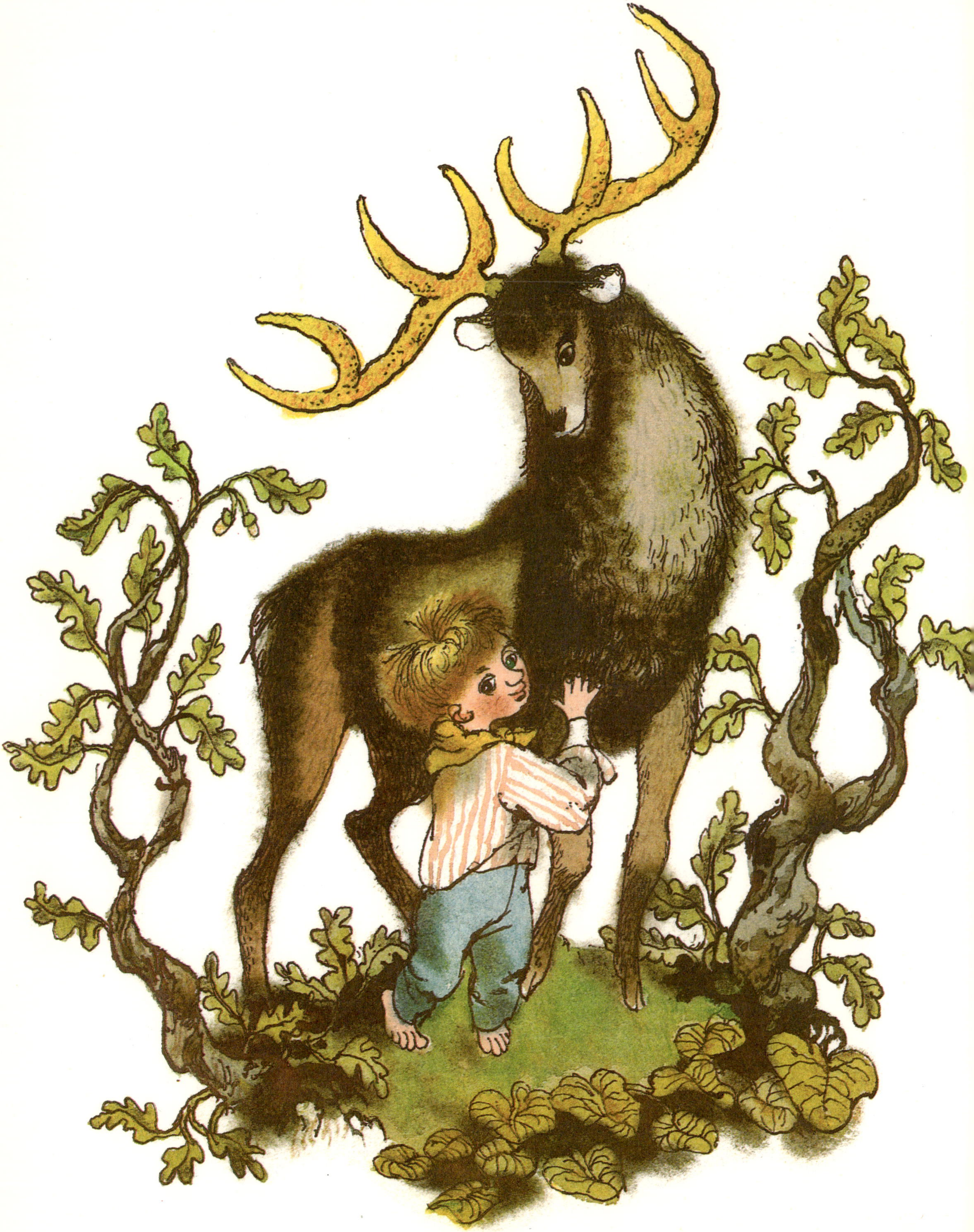

sowieso keine Zeit, auf ihn aufzupassen, und ich werde ihn meiner Seel' nicht aus den Augen lassen."

Und sie gingen. Der Großvater und der Jakob. Und Großvater Kuckuck hielt sein Wort und ließ Jakobs Hand nicht los und ging mit ihm nur bis zur ersten Tanne, nicht weiter.

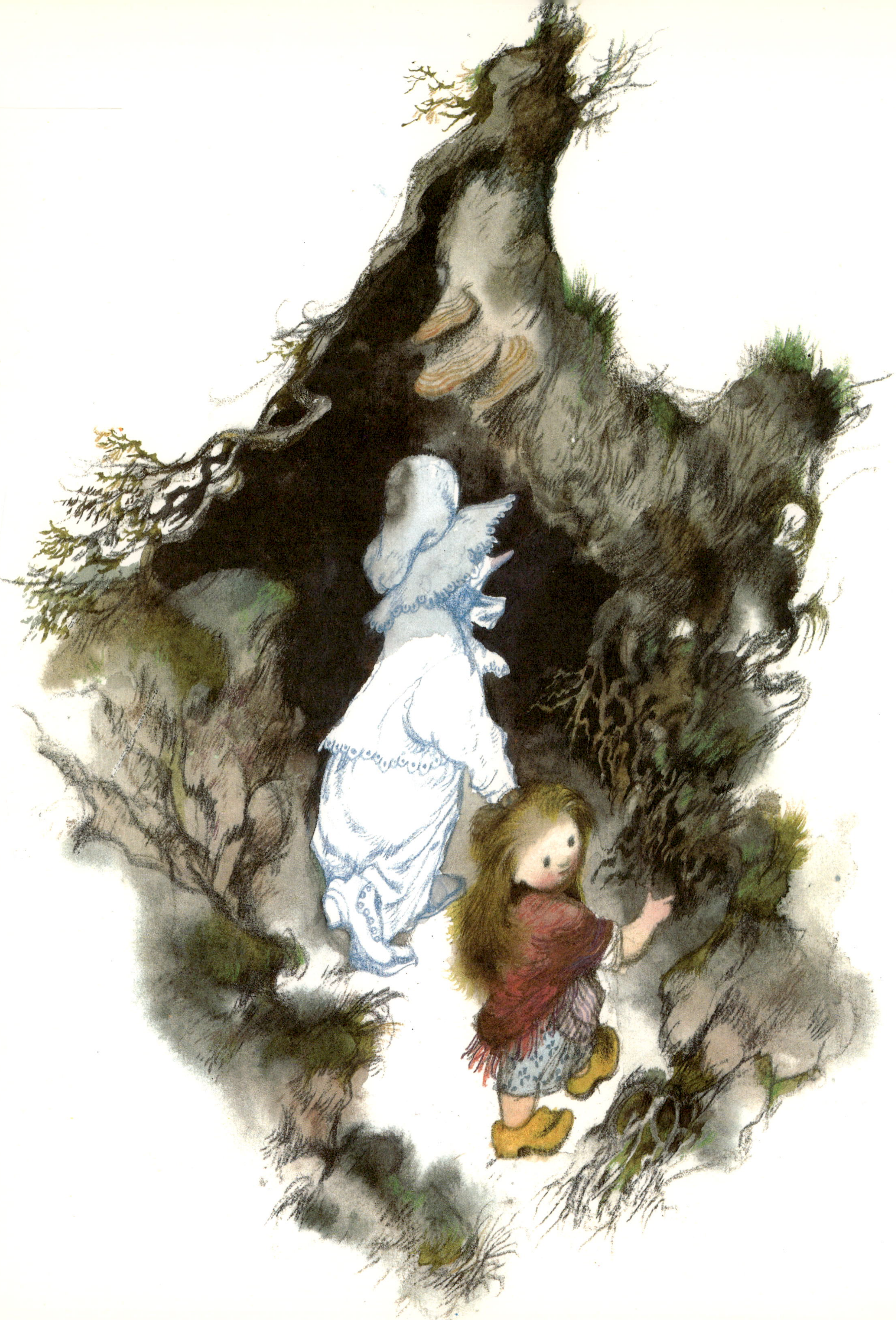

Jakobs Augen leuchteten. Er fühlte sich wie im siebten Himmel.

Hingegen hatte der goldene Hirsch keine große Freude, als er die beiden aus dem Dickicht heraus beobachtete. Er ahnte, daß dieser glückliche Anfang zu einem unglücklichen Ende führen würde.

Nun, es scheint, daß Hirsche mit goldenem Geweih meistens recht behalten.

Solange Jakob den Wald nur aus Träumen und aus Großvaters Erzählungen gekannt hatte, konnte er der Verlockung widerstehen. Er dachte ans Eingesperrtsein, an die Warnungen der Mutter... Als er aber einmal wirklich in den Wald hineingeschaut hatte, war Hopfen und Malz verloren.

Gleich am darauffolgenden Tag sah ihn der Hirsch allein am Waldrand stehen.

Ich muß den Jungen richtig erschrecken, dachte sich der Hirsch, und er stürmte aus dem Dickicht gerade auf Jakob zu. Er stampfte und schnaubte wie ein Teufel — aber Jakob? Anstatt zu erschrecken, lachte er übers ganze Gesicht und streckte dem Hirsch beide Hände entgegen.

„Ach wie schön du bist! Wollen wir miteinander spielen?" fragte er zutraulich.

Dem König der Tiere des Waldes wurde warm ums Herz. Er ließ sich streicheln, knabberte das Gras, das ihm Jakob reichte, und er erinnerte sich an die Zeit im Jägerhaus. Jakob und der Hirsch wurden Freunde.

> Von der Ferne ruf ich dich,
> von der Nähe ruf ich dich,
> komm mein lieber Hirsch,
> ich wart' auf dich ...

Jedesmal wenn Jakob diese Worte in den Wald rief, kam der goldene Hirsch herbeigelaufen, und sie spielten und tollten miteinander. Am Ende hatte das sonst so bedächtige Tier noch weniger Verstand als Großvater Kuckuck und führte den Jungen bis tief in den Wald hinein, wo auf der Wiese die Margeriten und im Moos die Pilze wuchsen.

Und da Jakob im Wald immer mit dem goldenen Hirsch zusammen war, vergaß er völlig die Hexen. Immer weiter und weiter wagte er sich, und es verging kaum ein Tag, ohne daß er nicht wenigstens auf einen Sprung in den Tannenwald lief. Er verstand es, sich aus der Bäckerei zu schleichen, ohne daß es zu Hause jemand merkte.

Inzwischen war der Sommer dem Herbst gewichen. Johannistag war vorbei, die Martins-Kirmes nahte. Es schien, als sollte sich nichts ändern, als sollte alles so bleiben, aber ...

Am letzten Nachmittag vor dem Kirchweih-Sonntag führte Jakob — weiß der Himmel, was er sich dabei dachte — die Kinder von Unterach in den Wald. Einen Haufen Jungen, und Franzl aus der Mühle hatte sogar sein Schwesterchen Magdalena mitgebracht. Sie wollten Jakobs Hirsch sehen und wenigstens von der ersten Tanne aus in den Wald schauen. Dann von der zweiten und dritten...

Das hatte dem Hirsch gerade noch gefehlt! Er wußte kaum, wo ihm der Kopf stand, wohin er zuerst springen sollte. So eine Kinderschar läßt sich schwerer hüten als ein Sack Flöhe.

Zum ersten und letzten Mal wurde der Hirsch auf

Jakob wirklich böse. Er würde ihm gehörig die Meinung sagen, auch wenn er ihn so gern hatte wie sein eigenes Kitz — nahm er sich vor, als er endlich vor Einbruch der Dunkelheit alle Kinder aus dem Wald hinausgeführt hatte.

Alle? Die kleine Magdalena war auf einem Baumstumpf eingeschlafen, und die Jungen und auch der Hirsch hatten sie völlig vergessen.

Aus dem Spaß war eins, zwei, drei bitterer Ernst geworden.

Ehe Franzl sich an sein Schwesterchen erinnerte, ehe sie zurückliefen, um es zu holen, war es längst zu spät. Die Hexe Weißhaar hatte die Kleine längst in ihre Hütte unter der Eiche geschleppt.

An diesem Abend war ganz Unterach auf den Beinen. Auf dem Dorfplatz blinkten Laternen, die Müllerin weinte bitterlich, und Jakob mußte mit der Wahrheit herausrücken. Und es gab kein Haus, in dem es keine Hiebe setzte, und keinen Jungen, der nicht zu Hause eingesperrt wurde.

Das hätte einen Tag früher geschehen sollen, jetzt war es zu spät, jetzt ließ sich nichts mehr machen. Die kleine Magdalena war in der Gefangenschaft der Hexen, und die Müllerin weinte sich die Augen aus.

Als Förster Kuckuck von dem Unheil erfuhr, war er

starr vor Schreck. Er wurde wütend auf Jakob, wütend auf den Hirsch, aber die größte Wut hatte er auf sich selbst. Denn er war es gewesen, der diese Sache begonnen hatte, er selbst hatte sich von Jakob überreden lassen, ihn in den Wald zu führen. Er griff nach seiner Pelzmütze, lief in die Mühle und versprach dort, noch heute nacht die kleine Magdalena zu suchen und nicht ohne sie ins Dorf zurückzukehren.

„Goldener Hirsch,
komm uns zu Hilfe,
wo du auch bist,
sonst sind wir verloren!"

Kaum hatte der Förster so in den Wald gerufen, raschelte es im Dickicht, und der Hirsch stand da.

Sofort machten sie sich zur Hütte der Hexe unter der Eiche auf und polterten an die Tür: „Mach auf, Hexe Weißhaar!"

„Was ist denn los, goldener Hirsch? Hier ist niemand außer mir", log die Alte. „Überzeuge dich selbst!"

Die beiden ließen sich von den heuchlerischen Worten nicht betören. Der Hirsch durchsuchte die Hütte, aber er fand Magdalena nirgends.

„Siehst du, König der Tiere des Waldes! Unnötig störst du mich, läßt die Kälte herein, so daß der Wind in den Backtrog bläst und der Teig nicht aufgeht."

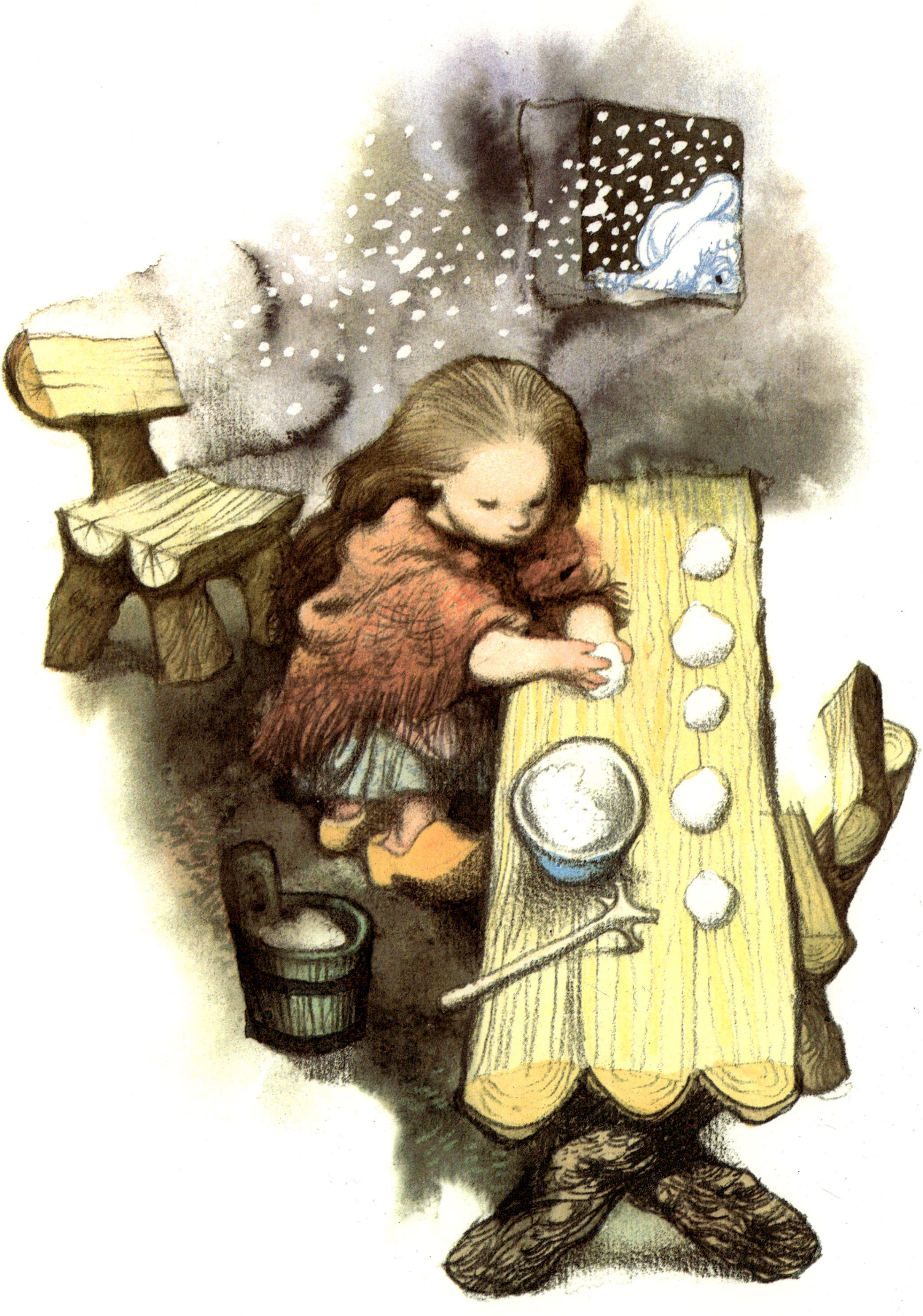

Ach, hätte doch der Hirsch in den Backtrog geschaut! Denn dort war kein Teig, der aufgehen sollte, sondern im Backtrog lag die kleine Magdalena und schlief und schlief.

Traurig verließ der Hirsch die Hütte. Draußen wartete der Förster. Und sie wußten sich keinen andern Rat, als den ganzen Wald kreuz und quer so lange zu durchsuchen, bis sie die Kleine gefunden hätten. Das bedeutete einen Weg von einer ganzen Woche. Gerade dämmerte der Martins-Sonntag, und wie gewöhnlich fiel der erste Schnee und bedeckte langsam die ganze Gegend ...

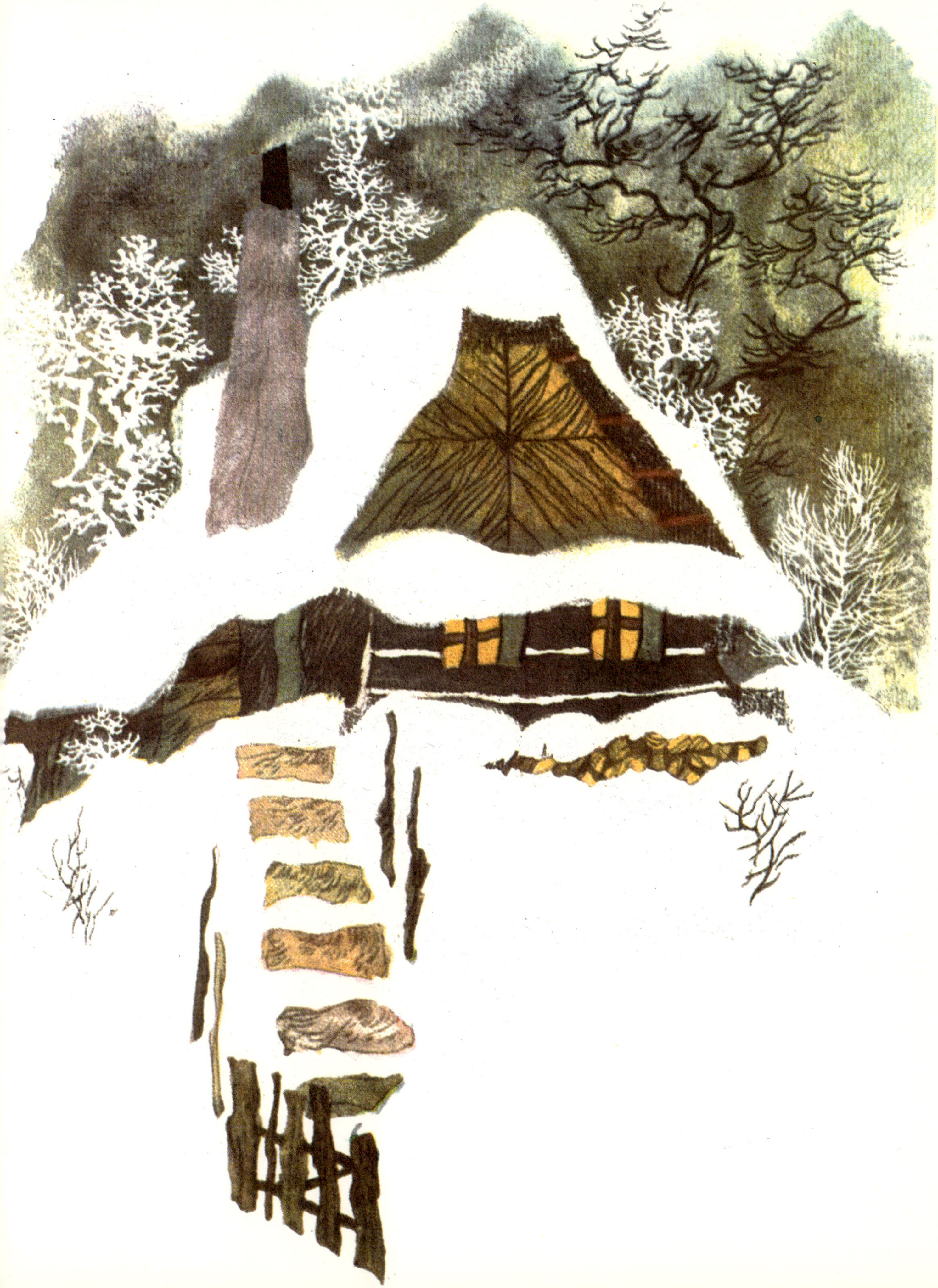

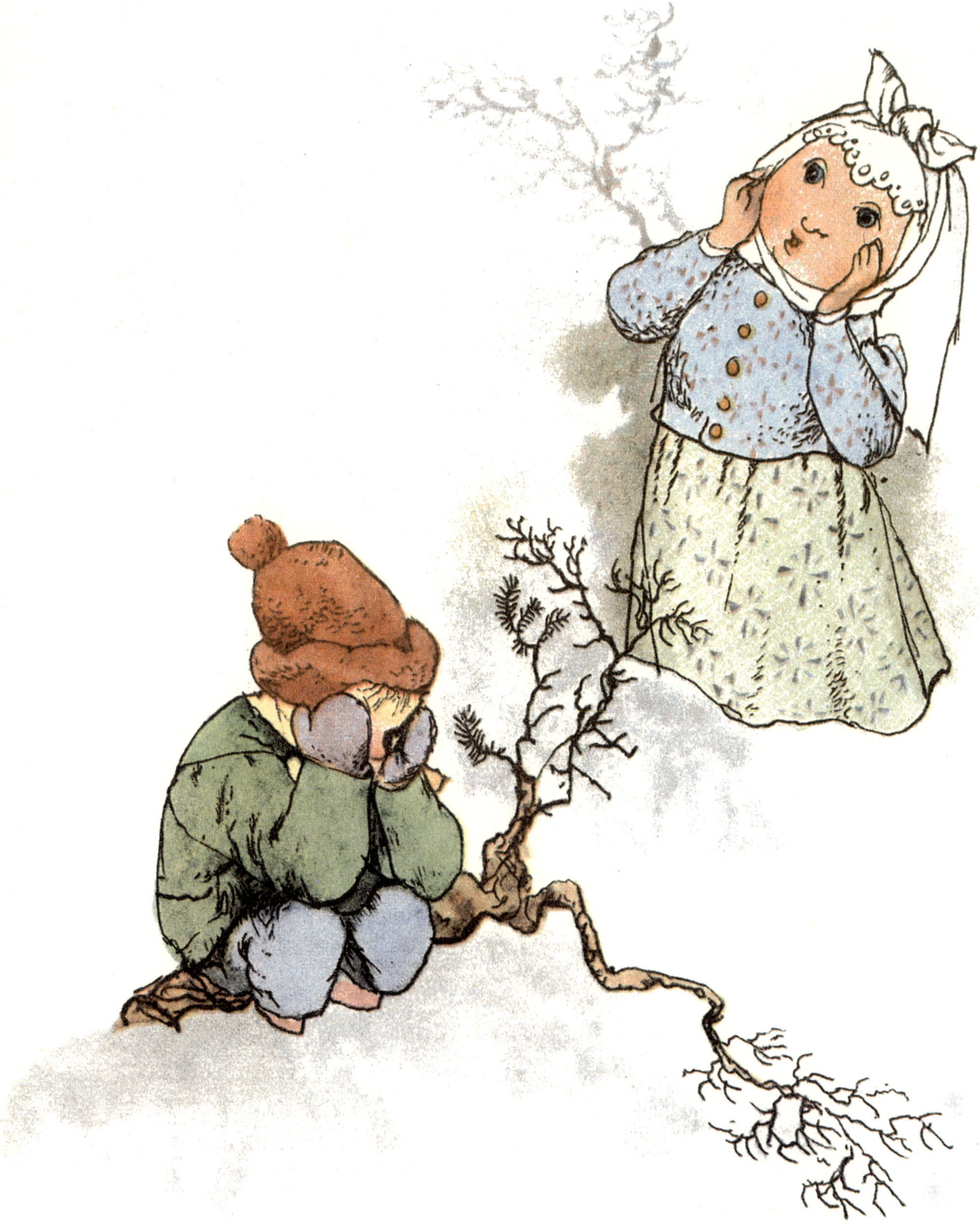

In diesem Jahr wurde in Unterach keine Kirchweih gefeiert, niemand war zu Festlichkeiten aufgelegt. Aber am unglücklichsten war Jakob in seiner Kammer. Nach drei Tagen durfte er wenigstens in die Stube. In einem unbewachten Augenblick nahm Jakob Mütze und Mantel, bat im Geist die Mutter um Verzeihung — und verschwand. Er hatte Magdalena in den Wald geführt, er würde sie auch wieder herausholen.

Nun waren schon drei auf der Suche nach der kleinen Magdalena.

Es fror Stein und Bein, kniehoch lag der Schnee, auch den Hexen war es kalt in ihren schmutzigen Hemdchen, und sie verkrochen sich in Höhlen, Baumstümpfen und Mäuselöchern.

Inzwischen hatte die Hexe Weißhaar Magdalena aufgeweckt und wollte mit ihr das Hexenwerk beginnen. Sie brachte ihre sechshundertsechsundsechzig Spitzenhäubchen herbei, aber die Kleine konnte noch nicht nähen.

„So mußt du's machen, schau", sagte die Alte und nähte selbst die Spitze an, riß sie ab, nähte sie an, riß sie ab. „Versuch's doch mal!"

„Wozu?" wunderte sich Magdalena. „Wenn du die angenähte Spitze gleich wieder abreißt, kann sie doch gleich abgerissen bleiben."

Drei Tage und drei Nächte lang stritt die Hexe mit

der Kleinen, aber es kam nichts dabei heraus. Fast hätte die Hexe selbst den Verstand verloren, denn immer, wenn sie schon glaubte, gewonnen zu haben, begann die Kleine zu gähnen und schlief ein.

Da muß ich mir etwas Besseres ausdenken, dachte die Hexe, und am vierten Morgen stellte sie einen Topf Wasser auf den Herd.

„Du wirst Knödel machen, verstehst du? Aus Schnee. Und du wirst sie so lange machen, bis du wenigstens einen gar kochst!"

„Knödel macht man aus Mehl", sagte Magdalena.

„Keine Widerrede!" rief die Hexe Weißhaar zornig. „Da, nimm die Bütte und hol Schnee. Sonst werfe ich dich in den Kochtopf!"

Was blieb dem Mädchen anderes übrig?

Vor der Tür nahm sie Schnee und versuchte in der Hütte, ihn zu Klößen zu formen. Aber kaum waren einige fertig, warf sie die Hexe ins kochende Wasser, und dann mußte sie von vorn anfangen...

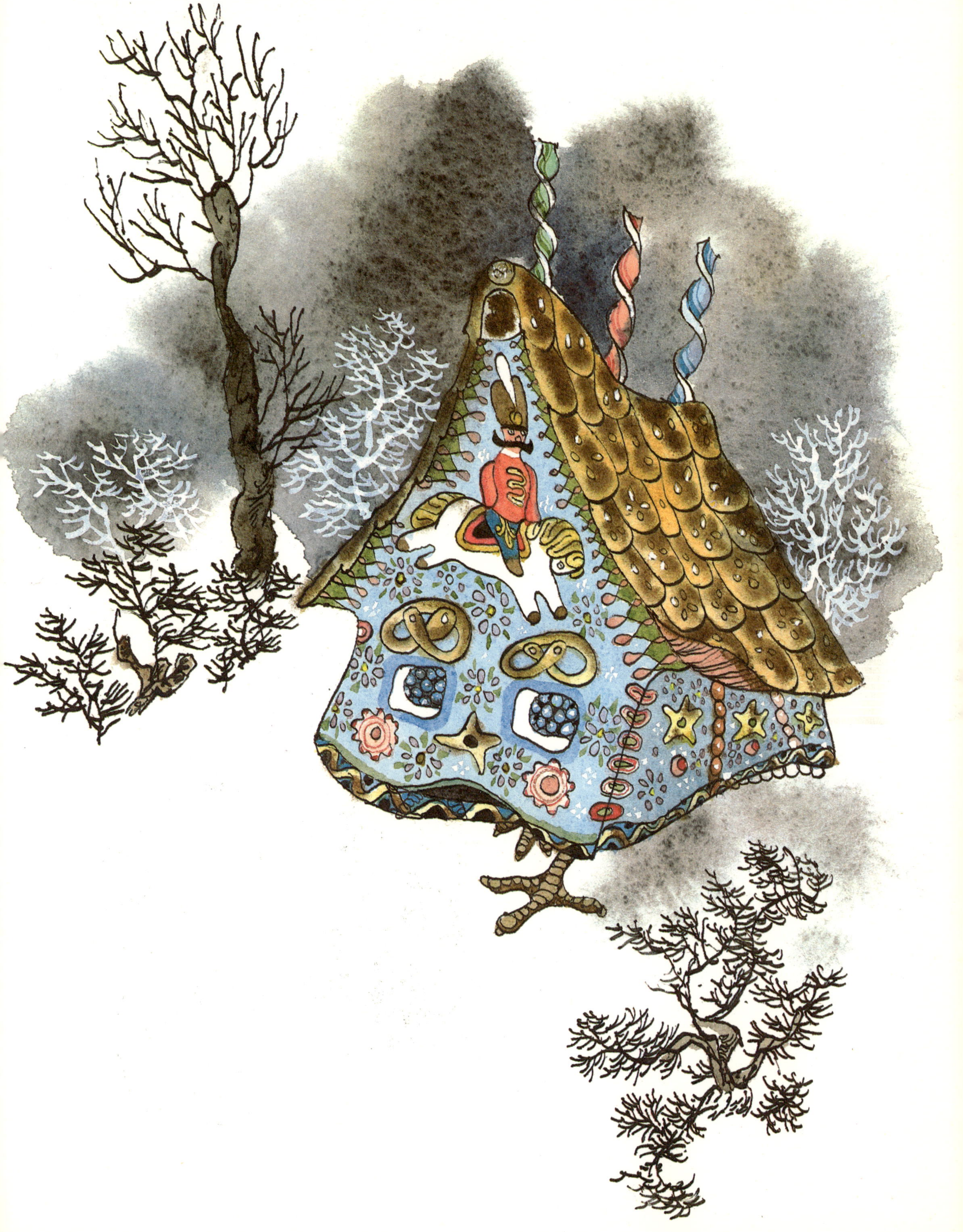

Als Magdalena schon zum neunten Mal Schnee holen ging, hörte sie vor dem Zaun ein leises Pfeifen.

Und noch einmal. Und zum dritten Mal.

Es war Jakob, der hinter der Eiche stand und pfiff. Er hatte Magdalena gefunden! Jetzt wollte er sie nicht wieder allein lassen, jetzt würden sie miteinander nach Hause laufen.

Natürlich konnte ihnen die Hexe Weißhaar nicht so schnell nachlaufen, dafür kannte sie aber eine Menge andere Sachen. Zaubern war für sie ein Kinderspiel. Sie führte die Kinder in die Irre, so daß sie im verschneiten Wald lange, lange im Kreis umherliefen, bis sie halb erfroren und verhungert waren und kaum mehr auf den Füßen stehen konnten.

„Wir wollen den Hirsch rufen", rief Jakob.

Aber der goldene Hirsch suchte mit dem Förster

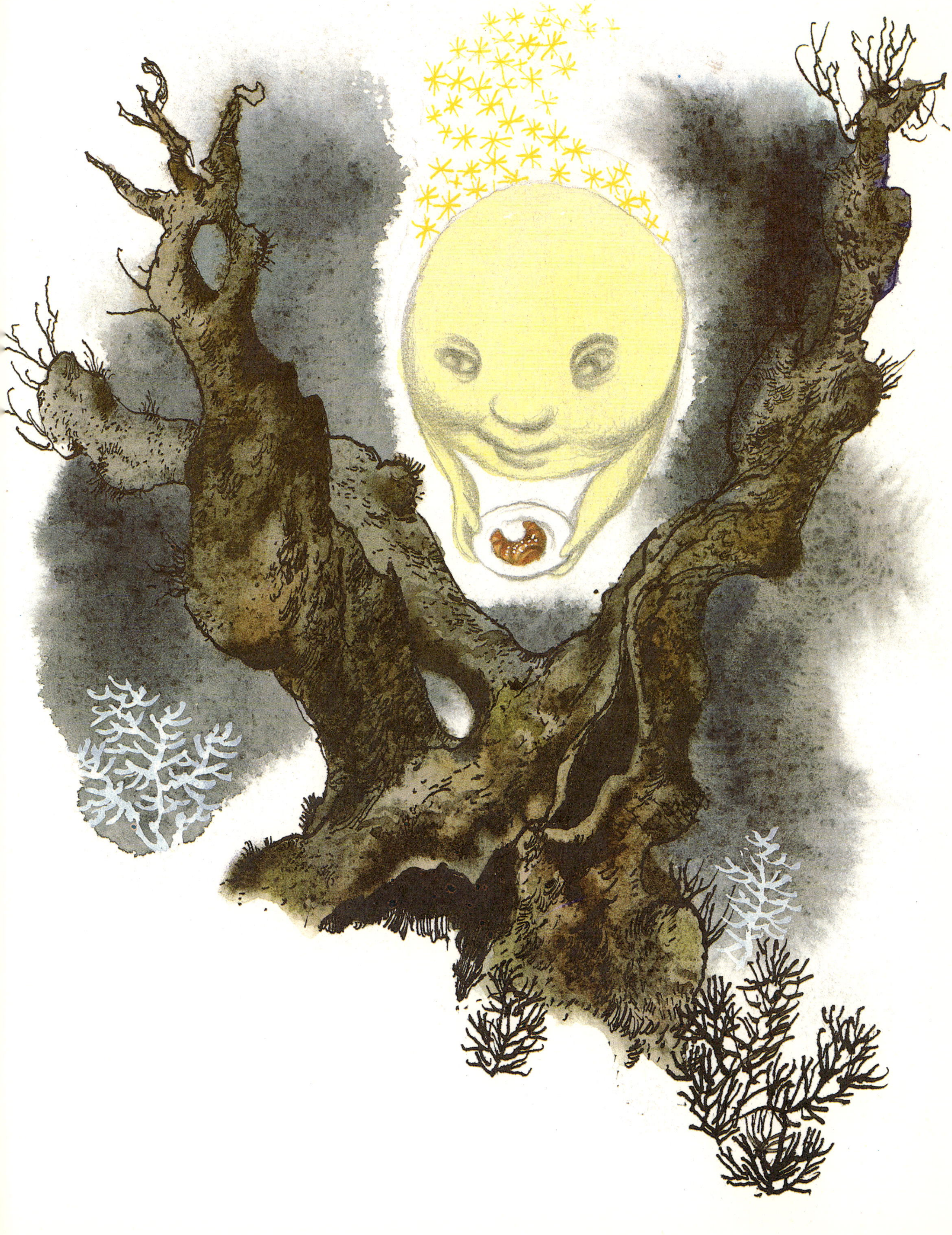

Kuckuck gerade hoch oben im Gebirge nach Magdalena und hörte Jakobs schwache Stimme nicht.

„Wir wollen die Mutter rufen", sagte Magdalena, aber weder in der Mühle noch in der Bäckerei waren ihre Rufe zu hören.

Dann stellte ihnen die Hexe Weißhaar, um sie zu quälen, ein Knusperhäuschen auf den Weg. Ach, so viel Marzipan, daß einem das Wasser im Mund zusammenlief. Aber sobald die Kinder nach den Lebkuchen griffen, hüpfte die Hütte ein Stückchen weiter und weiter — und die Kinder irrten umher, bis es dunkel wurde.

„Ach, dein Vater könnte uns wenigstens eine Semmel schicken", sagte Magdalena und gähnte.

Jakob erschrak. Wenn die Kleine so müde war, daß sie einschlief, ... würde sie erfrieren.

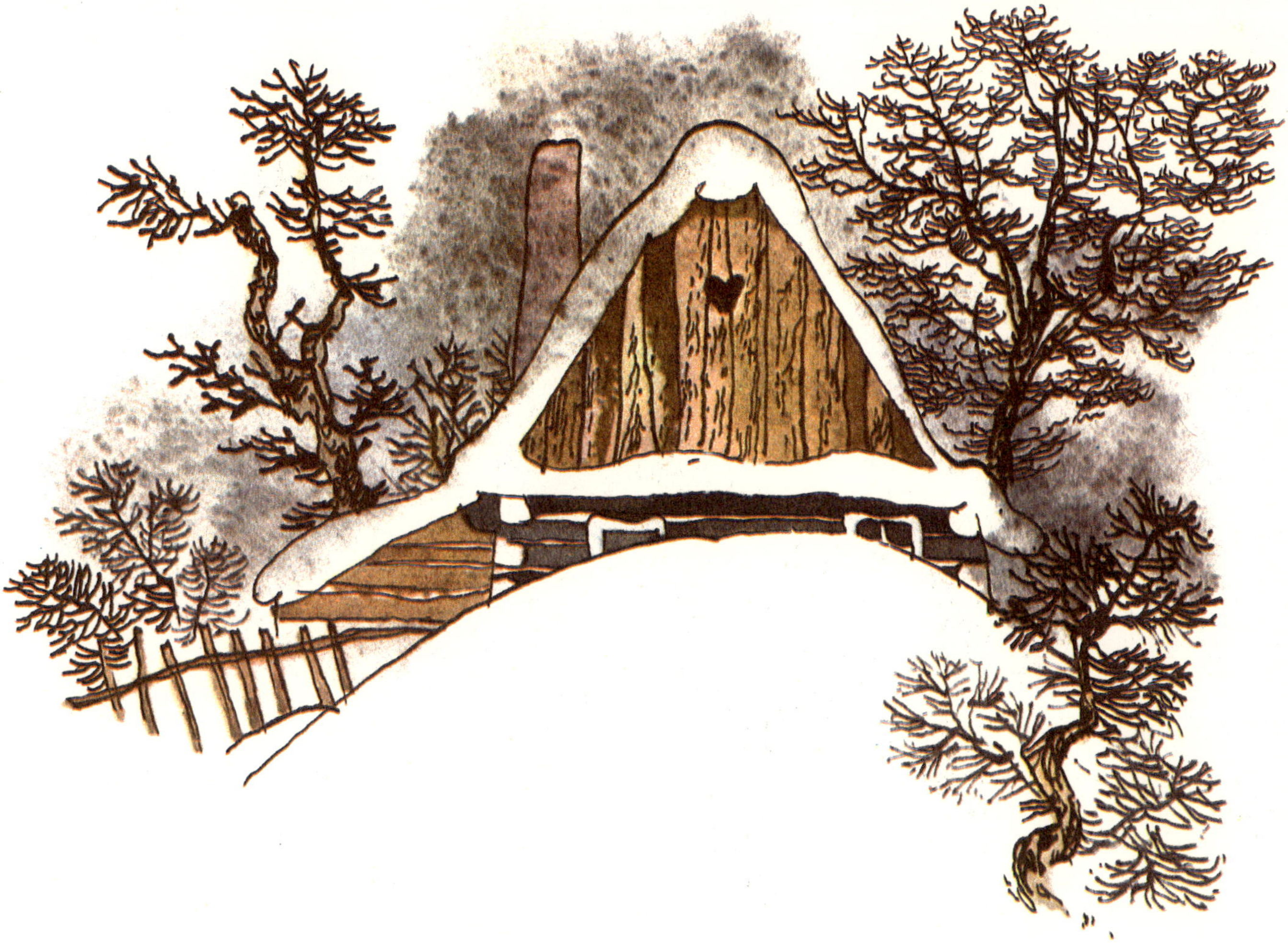

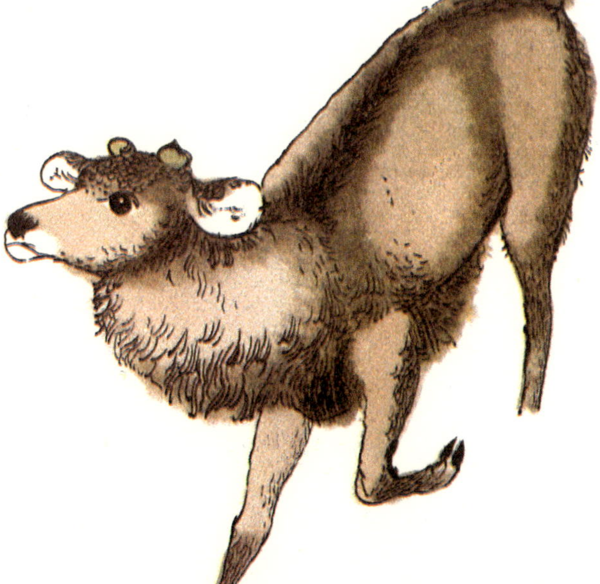

„Semmeln wird es geben, du wirst sehen. Ganz sicher! Nur müssen wir wach bleiben und sie sehr stark herbeiwünschen."

Jakob wußte selbst nicht, wieso das geschehen sollte. Aber es geschah: Aus den Wolken kam der Vollmond hervor, sank langsam tiefer und tiefer herab und reichte den Kindern eine große, mit Mohn bestreute Semmel

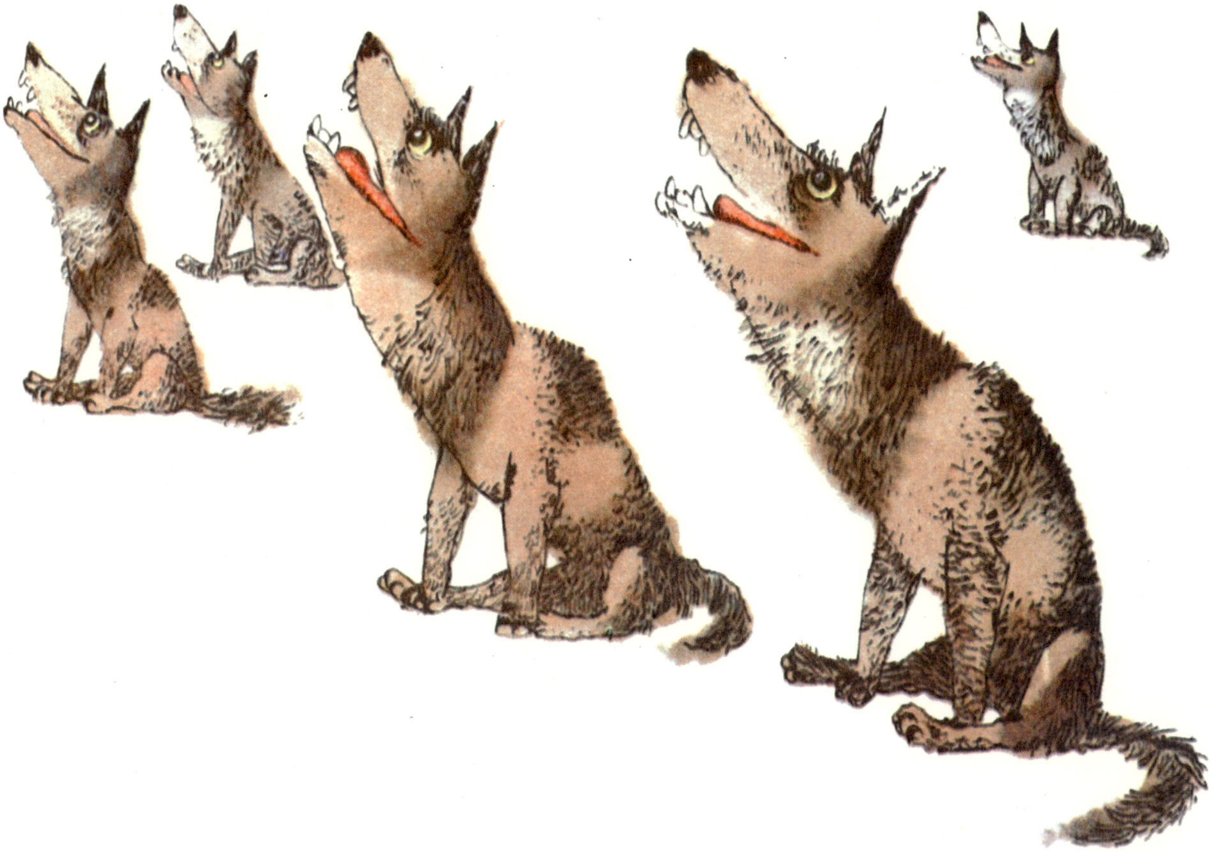

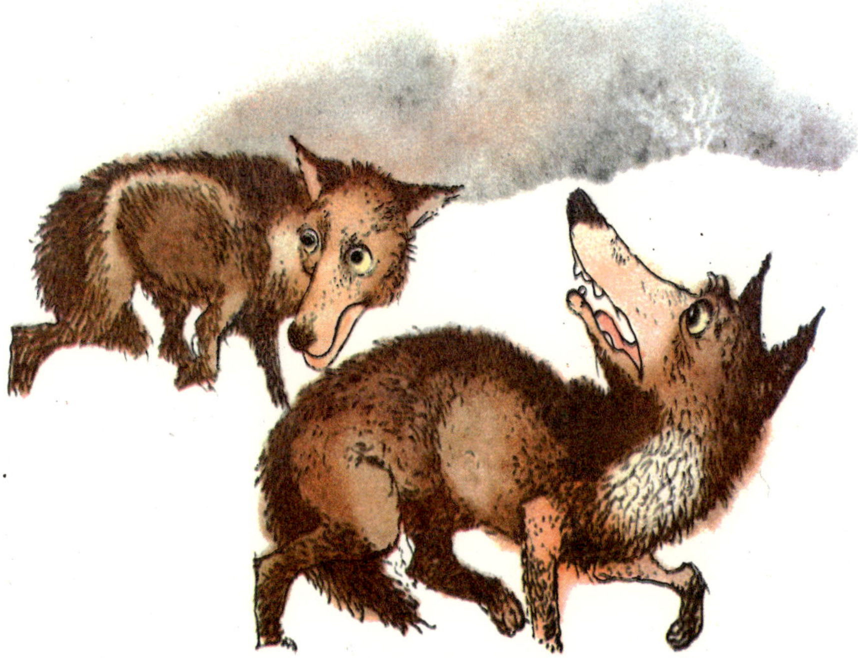

auf einem silbernen Teller. Und sie hüpfte auch nicht davon wie vorher das Knusperhäuschen!

An diesem Wunder erkannten die Kinder, daß man daheim an sie dachte und sie gern hatte, auch wenn Jakob ein Pechwogel war.

Der Förster Kuckuck und der goldene Hirsch hatten schon die Hoffnung aufgegeben, das kleine Mädchen im Wald zu finden. Sie ließen traurig die Köpfe hängen — da aber hörten sie vom nahen Erlenbaum das Krächzen des alten weisen Raben:

„Die Hexe hat euch arg betrogen
und ganz gehörig angelogen.
Die Kinder irren im Walde.
Eilt euch und findet sie balde."

Kaum hatte der Hirsch das gehört, stampfte er mit den Hufen auf, daß der Schnee hinter ihm aufwirbelte, und sauste den Hang hinunter bis zur Hütte der Hexe. Der Förster konnte ihm nicht so rasch folgen.

Er wollte sich diesmal von der Hexe nicht hinters Licht führen lassen. Wegen Magdalena hatte er die Hütte durchstöbert, aber wegen Jakob war er bereit, die ganze Welt zu durchsuchen. Liebte er doch den Jungen wie sein eigenes Kitz.

Schon von weitem hörte die Hexe den dröhnenden Hufschlag und ahnte, daß es diesmal kein gutes Ende

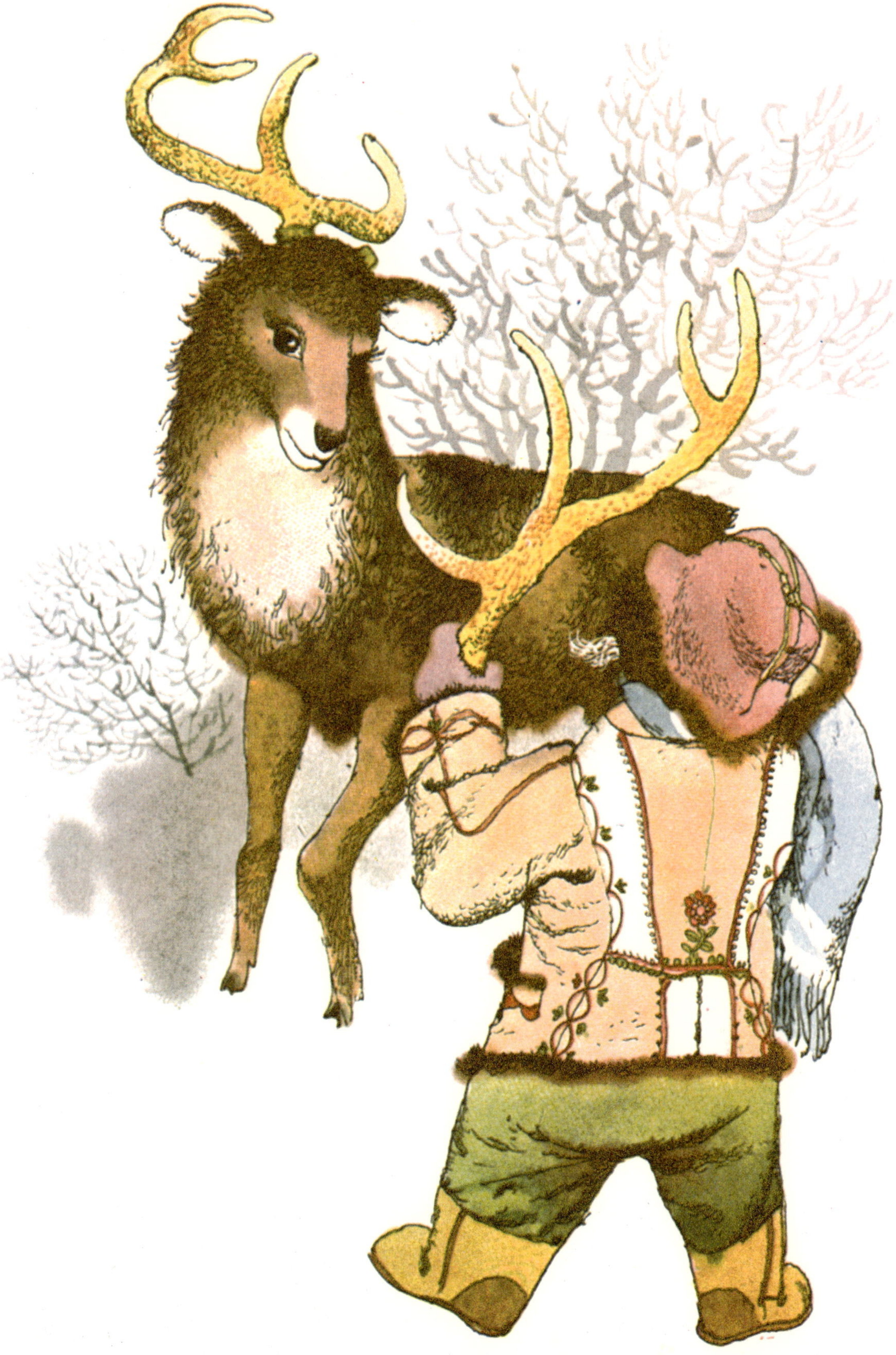

nehmen würde. Zur Sicherheit schob sie den Riegel vor und schloß die Fensterläden.

Mit gesenktem Kopf stürzte der Hirsch mit dem Geweih gegen die Hütte, aber das Eichenholz gab nicht nach. Und noch einmal und noch einmal, aber das Eichenholz gab noch immer nicht nach. Doch der Hirsch verlor sein Geweih. Es lag im Schnee wie zwei abgebrochene Zweige eines goldenen Baumes...

> Der König Ja-Nein
> hatte seine Krone, Ja-Nein,
> zur Rettung seines Freundes
> Ja-Nein abgeworfen.

Und da, in diesem Augenblick, hatte sich die uralte Weissagung erfüllt — Riegel und Fensterläden, Tür und Tor der Hexenhütte öffneten sich weit, und heraus kam eine alte Wölfin, in die sich die Hexe verwandelt hatte. Viele kleine Wölfe krochen aus Höhlen, Baumstümpfen und Mäuselöchern, und sie liefen und liefen und rannten und rannten, bis sie alle aus dem Unteracher Wald verschwunden waren.

Und im selben Augenblick irrten auch Jakob und Magdalena nicht mehr im Kreis umher, sondern fanden den richtigen Weg, der zur Mühle und zur Bäckerei führte.

Aller guten Dinge sind drei — im selben Augenblick

langte auch der Förster Kuckuck bei der Hütte unter der Eiche an. Er erblickte im Schnee seinen Freund, den Hirsch, der wiederum nur lange Ohren, aber kein Geweih hatte.

„Keine Angst, mein Lieber, du hast dein goldenes Geweih nur vorübergehend verloren", sagte der Förster. „Bis zum Frühling ist alles wieder in Ordnung."

Gesagt getan. Sie gingen ins Jägerhaus, setzten sich in die Stube, und hier endet unsere Geschichte.